遊べる！ 飾れる！ 超かわいい！

季節の折り紙 アイデアブック

世界文化社

この本の使い方

身近な15cm角の
折り紙をメインに、
春はチューリップ、夏はかき氷、
秋はサツマイモ、
冬は雪だるまなど、
四季折々12か月の作品や
アイデアが盛りだくさん！

ハロウィンや
クリスマスなどの
行事用のアイデアもたっぷりで、
一年中、園を華やかに飾れ、
さらにアイテムによっては
指人形としても
楽しめます。

作り方は、
すべて写真で掲載。
丁寧な作り方説明で、
初めて折り紙作品に
挑戦するかたにもお薦めの
アイデアブックです。

 # 目次

12か月のかわいい！アイテム

季節のかわいい！アイテム

4月 －新学期－

始まりの季節に、色とりどりの
チューリップでお出迎えします。
子どもたちや動物のキャラクターは、
体を作らずに顔だけでも指人形になる優れもの！
目と口は、丸シールなどで表現しています。

チューリップ
作り方 10 11

子ども
作り方 1 5 6 7

子ども
作り方 1 2 6 7

チューリップも指人形になります！

桜の木
作り方 15 17

子ども
作り方 1 4 6 7

うさぎ
作り方 6 7 8 9

子ども
作り方 1 3 6 7

5

5月 −こどもの日−

遠近感を出すために、
小さい方の木は 1/4 サイズ
（幹は 1/16 サイズ）で作っています。
こいのぼりは、指人形にもなりますよ。

こいのぼり
作り方 14

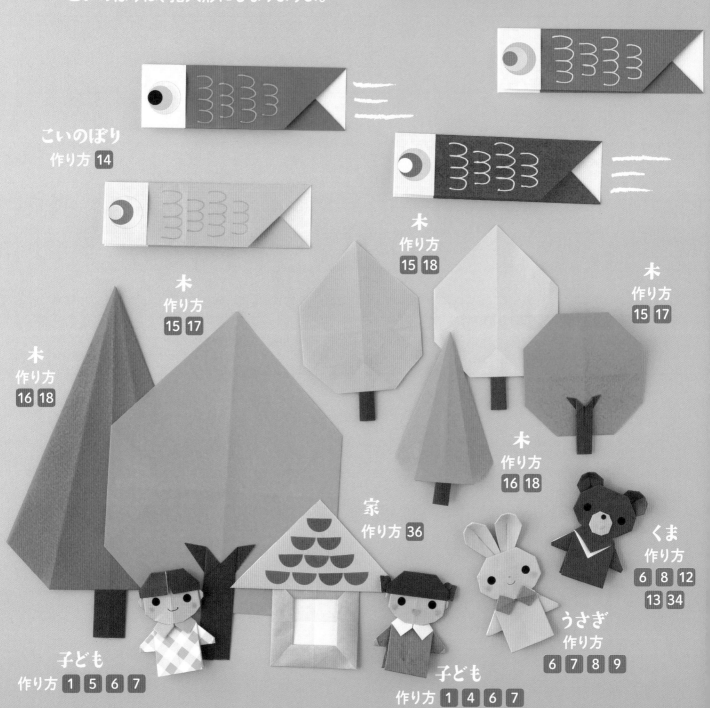

木
作り方 15 18

木
作り方 15 17

木
作り方 15 17

木
作り方 16 18

木
作り方 16 18

家
作り方 36

くま
作り方 6 8 12
13 34

うさぎ
作り方 6 7 8 9

子ども
作り方 1 5 6 7

子ども
作り方 1 4 6 7

6月 －梅雨－

かえるの目は、
立体感を出すために
軽くカールをつけています。
てるてるぼうずと水滴も、
指人形になります。

てるてるぼうず
作り方 19

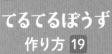

水滴
作り方 20

かえる
作り方 6 7 8 13

7

7月 –夏の食べ物–

かき氷のシロップ部分にご注目！
折り紙を破いて表現しているので、
一つひとつが違った表情になります。
スイカは、大きさの違いを
楽しんで作ってください。

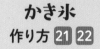

かき氷
作り方 21 22

スプーン
作り方 23

スイカ
作り方 24

ソフトクリーム
作り方 25 26

8月 -夏休み-

くじらは折り紙を2枚使って大きく作ります。
迫力満点の指人形にもなりますよ。
ヒマワリは、花の部分だけ
飾ってもかわいいです。

金魚
作り方 28

くじら
作り方 27

ヒマワリ
作り方 29 30 31 34

9月 ーコスモス畑ー

ぶた
作り方 6 7 8 33 34

コスモス
作り方 9 34

ねこ
作り方 6 7 8 32

紙テープで作ったコスモスを取り混ぜて、
秋のコスモス畑を表現しました。
花びらは丸みを帯びた半立体の形なので、
入れ物としても使えます。
この本に出てくるキャラクターは、
ねことぶたのように、
すべて立体作品としても作れます。

10月① ー秋の森ー

きのこハウスは
穴があいているので、
いろいろなものを差し込めます。
きのことりすは、指人形になります。

きのこハウス
作り方 36

りす
作り方 6 8 12 32 35

きのこ
作り方 37

10月② −芋掘り−

地下茎（30 茎 31 葉を使用）は
綿ロープを使用して、力強さを表現しました。
サツマイモの妖精たちは指人形になります。

サツマイモ
作り方 38

10月③ −ハロウィンパーティー−

黒猫
作り方 43

ジャック・オー・ランタン
作り方 42

家
作り方 36

ほっかほかの焼きイモも作れます！
断面に色を塗って、完成です。

サツマイモ
作り方 39

サツマイモの妖精
作り方 1 6 7 40

おばけ
作り方 41

指人形で、
トリック・オア・トリート！

ジャック・オー・ランタン、おばけ、
黒猫はすべて指人形になります。
家を黒とオレンジ色で作ると、
ハロウィンの雰囲気が出てきますよ。

11月 -お店屋さんごっこ-

へい、らっしゃい！

桶は画用紙を丸めて、好きな大きさで作ります。

側面に金色の丸シールを貼って模様を描けば、

本物感たっぷり！

ガリは、折り紙を丸めて作ります。

巻き物
作り方 46

エビの握り
作り方 44 47

軍艦巻き
作り方 45

握り寿司
作り方 44

ガリ

いっちょ
上がり！

パックに
入れると、
お土産用に！

12月 −クリスマス−

作品をオーナメント仕様にして、
クリスマスツリーに飾りましょう。
紐の部分はキラキラモールを
使っています。サンタクロースは
指人形になります。

大小で並べても！
大きいサンタクロースは、
25cm角の折り紙で
作ります。

ハート
作り方 31

クリスマスツリー
作り方 49 50

サンタクロース
作り方 6 48

15

1月① -お正月-

元気でカラフルな、だるまたち！
目に使った丸シールは、青色を選ぶことで
表情を柔らかく表現できます。

だるま
作り方 51

指人形にもぴったり！

16

1月② −干支−

ね、うし、とら……
すべての作品が、指人形になります！

ねずみ 作り方 52

うし 作り方 53

とら 作り方 54

うさぎ 作り方 55

たつ 作り方 56

へび 作り方 57

うま 作り方 58

ひつじ 作り方 59

さる 作り方 60

とり 作り方 61

いぬ 作り方 62

いのしし 作り方 63

2月 −バレンタイン−

ドーナッツとハートのチョコレートは、
単色でも2色使いでも楽しめる作品です。
雪だるまは指人形になります。

ドーナッツ
作り方 65

雪だるま
作り方 64

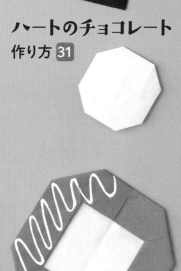

ハートのチョコレート
作り方 31

雪玉
作り方 34

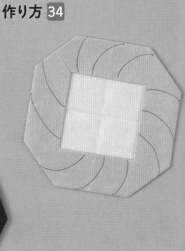

3月 –ひな祭り–

お雛様は金色の台紙に貼ると、
壁面飾りとしてすぐに楽しむことができます。
ぼんぼりを添えて、
ひな祭りを楽しんでくださいね。

男雛
作り方 1 66 70 71

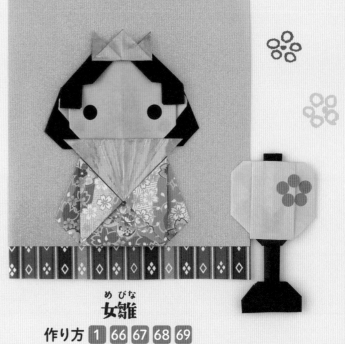

女雛
作り方 1 66 67 68 69

ぼんぼりの作り方

柄：1/2 サイズ　1枚
提灯：1/4 サイズ　1枚

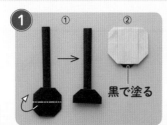

① 柄は 23 スプーン（P46）を図のように折る
② 提灯は 42 ジャック・オー・ランタン（P58）を逆さに使用する

黒で塗る

図のように貼り合わせて、出来上がり

指人形になります。
また、立体としても使用できるので、
置き飾りにもぴったりです（P24）。

タンポポの葉は半立体なので、
壁面飾りにしてもボリュームが出ます。

タンポポ 作り方 29 30 34 72

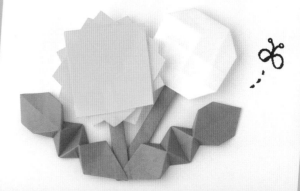

四季のつるし飾り

シーズンに合ったアイテムをつるして、室内に季節感を取り入れます。
29 花（P51）を銀色の折り紙で作ると雪の結晶に、
30 茎（P51）を4つ使うとフレームになります。
どの作品も、アイデア次第でいろいろなアイテムに大変身！

こいのぼりモビール

雲形にカットした折り紙は、
バランスを見ながらつけていきます。
モビールが揺れて
飾りの表裏どちらも
見えるので、
作品は2つ作って
背中合わせでつけましょう。

ハロウィンモビール

ゆらゆら動くモビールは、
ハロウィンシーズンに
おばけを飾るのにも
ぴったり！ ジャック・
オー・ランタンを小さく
作り、おばけの
手に持たせても
かわいいですね。

季節のガーランド＆リース

春 チューリップガーランド

大きいチューリップの花は 25cm 角で、葉は [31] ハート（P52）を 15cm 角で作ります。
15cm 角のチューリップの花には、[31] ハートを 1/4 サイズで作った葉をつけます。
葉は、写真のように表側から半分見えるくらいで花の裏に貼りつけます。

夏 ヒマワリガーランド

ヒマワリの花は、葉（[31] ハート）も 15cm 角で作ります。
小さいヒマワリの花は、葉（[31] ハート）も 1/4 サイズで。
綿ロープはロープ自体に重みがあるのでよくしなり、
作品を貼る面も広めで使いやすいです
（チューリップガーランドも同様）。

秋 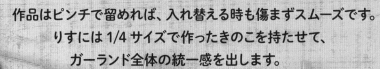 森のガーランド＆ハロウィンリース

作品はピンチで留めれば、入れ替える時も傷まずスムーズです。
りすには 1/4 サイズで作ったきのこを持たせて、
ガーランド全体の統一感を出します。

ハロウィンリースは、
ジャック・オー・ランタンと色味の
メリハリがつくように、
黒猫を取り混ぜました。

冬 クリスマスガーランド・リース

ガーランドを交差させて、空間の広がりを演出します。
クリスマスツリーは 25cm 角、ハートの飾りは
1/16 サイズを使っています。

リースは 25cm 角を使い、
65 ドーナッツ（P75）で作ります。
内側をポケットのように使って、
サンタクロースをイン！
飾りのツリーは
1/4 サイズで作ります。

立体プレゼントBOX &ミニレター

キャラクターの体は、
立体にすると箱型になります。
そのままでもかわいいですが、
入れ物として使えば、
プレゼントBOX に早変わり！
様々なシーンで活躍します。

① キャラクターの体を立体にして、
顔を後ろ側に貼りつけておきます。
リボン（もしくは襟）部分は前に
持ってきて、蓋をするように体の
前方を挟み込みます。

② リボン（もしくは襟）部分で開閉。
キャンディーもたっぷり入ります！

バースデープレゼントBOX

キャラクターの手の上部は
袋状になっているので、
手紙を差し込むことができます。
メッセージを書いて
キャラクターと一緒に渡せば、
楽しさ UP！

たんじょうかい
きてね！

手紙の作り方　1/4 サイズ　1枚

1 十字田に折りすじ
をつけ、三等分の
ところで折る

4 中心線まで折る

2 角を折る

5 半分に折って差
し込む

3 角の幅で折る

6 出来上がり

ファミリーデープレゼント BOX

母の日や父の日、
勤労感謝の日などの
イベントにもぴったり！
表情を子どもたちに描いて
もらっても、楽しいですね。

ありがとうの
言葉を書いて、
キャラクターにそっと
持たせて贈っても
素敵です。

ハロウィン BOX

キャラクターたちにお菓子をたっぷり詰めて、
脅かしにやってきた子どもたちに配りましょう。
黄色や緑色など、特徴のある色の目は、
丸シールで表現しています。ハロウィン仕様の
デザインに、盛り上がること間違いなし！

いろいろお便り

はなちゃんへ
たのしいなつやすみを
すごしていますか？
にがっきにあえることを
たのしみに
していますね！

暑中見舞い

※葉書は 14.8×10cm。
各アイテムは 1/4 サイズ
（スプーンはさらに横半分）
を使用。

とうこちゃん
あけまして
おめでとうございます。
かぜに きをつけて
げんきに
すごしてくださいね。

年賀状

※葉書は 14.8×10cm。
だるまは 1/2 サイズ、
十二支は 1/4 サイズを使用。

下に敷く色を変えると、
ポップな印象になります。

クリスマスカード

※カードはA4サイズの画用紙。サンタクロースは1/2サイズ、
星とクリスマスツリーは1/4サイズを使用。

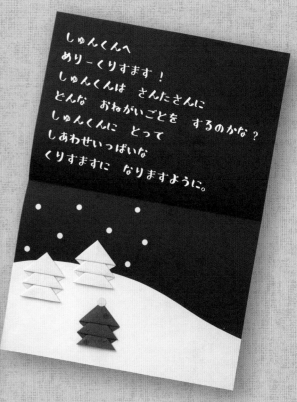

しゅんくんへ
めりーくりすます！
しゅんくんは さんたさんに
どんな おねがいごとを するのかな？
しゅんくんに とって
しあわせいっぱいな
くりすますに なりますように。

バースデーカード

※カードはA4サイズの画用紙。中央のキャラクターは1/2サイズ、
表のハートは1/16サイズ、中面のハートは1/4サイズを使用。

な;なみちゃん

おたんじょうび おめでとう！
いつも にこにこで
げんきな ななみちゃんのことが、
だいすきですよ。
これからも せんせいや
おともだちと
たくさんあそぼうね！

ハッピーアニマル

お誕生月になったら、アニマルにハートを持たせてあげましょう。ハートは 1/16 サイズで作っています。

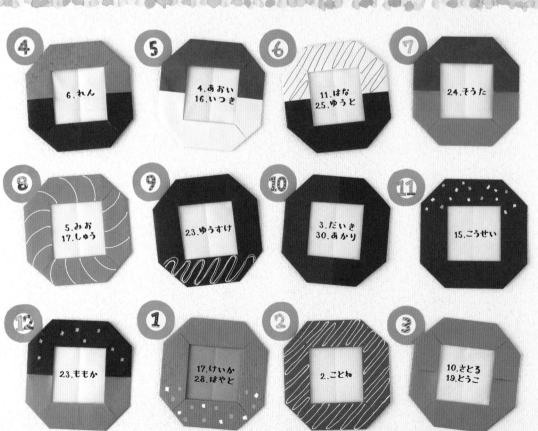

ドーナッツ

文字を記入する紙（15cm 角で作ったドーナッツに使用する場合は 1/4 サイズ）を用意しておけば、修正する場合も、紙を差し替えるだけ！

森のきのこ

文字を記入する紙（15cm角で作ったきのこハウスに使用する場合は1/4サイズ）を用意しておけば、修正する場合も、紙を差し替えるだけ！

文字を書き込む箇所を、きのこハウスの柄や傘にすれば、キャラクターを入れて飾ることもできます。

カラフルツリー

別色で作った木を少しずらして貼り合わせると、奥行きや立体感が出てきます。写真のように、模様の入った折り紙を使っても！

4　15.ゆうま　23.ののか
5　29.あさひ
6　2.みさき
7　13.まな　26.りお
8　14.しょうた　27.かおり
9　10.りく
10　31.ゆうた
11　12.あん　27.だいすけ
12　13.みゆ　25.ふうま
1　16.ひろと
2　4.ななみ　26.ゆりか
3　12.たいが

4　8.かとう さくら　23.たなか まさのぶ
5　10.きむら めい
6　14.こにし ひろき　27.さいとう つよし
7　5.ふじなが けんと　23.もどむら えり
8　22.きくな れい
9　19.みうら あすか
10　25.はらだ みく
11　7.いけだ かずき　21.こたに ひな
12　2.すずき はるか
1　11.しみず あやか
2　13.なかむら しおり　21.よしだ ななか
3　26.ふじた たくみ

29

おはなし額縁・うた額縁

額縁を使って、童謡や昔ばなしの
いろいろな場面を演出します。
そのまま壁に飾ってもよし、立てかけるもよし。
いろいろな飾り方で、楽しんでください。

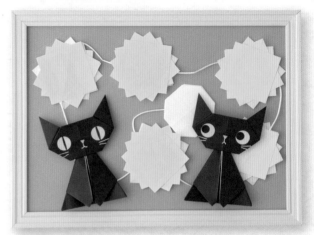

♪ ねこふんじゃった

♪ うれしいひなまつり

♪ きのこ

おやゆび姫

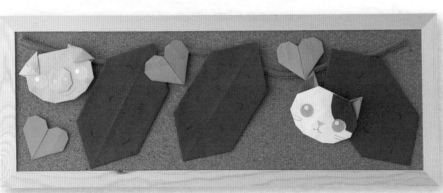

♪ いもほりのうた

♪ チューリップ

♪ あめふりくまのこ

♪ サンタクロースがやってくる

三匹のこぶた

三匹のくま

♪ かえるのうた

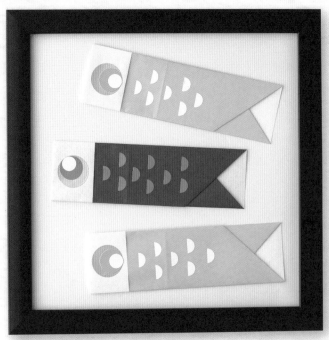

♪ こいのぼり

♪ アイスクリームのうた

作り方

- 基本的に、各作品の折りはじめは対辺ないし対角で2回折り、十字の折りすじをつけます。
- 余分に開いてしまう箇所は、糊やテープで留めてください。
- 1つの写真の中で手順が進行する場合には、→線を使用しています。
- 写真は同率縮寸ではなく、一部拡大・縮小しています。
- 仕上げには、切った折り紙やシール（着色含む）、フェルトペンなどを使いましょう。

折り図記号

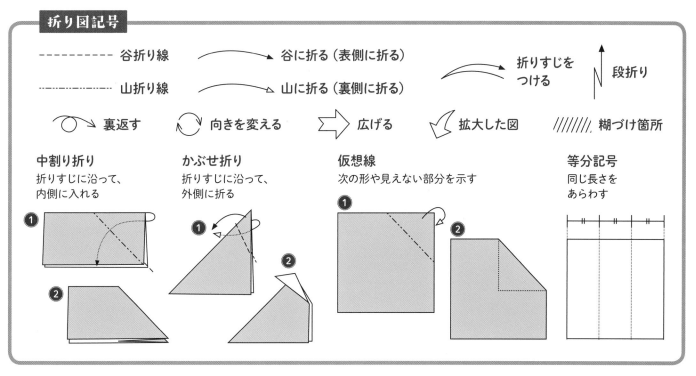

- - - - - - - - - 谷折り線
- · - · - · - · 山折り線

→ 谷に折る（表側に折る）
⇢ 山に折る（裏側に折る）

折りすじをつける

段折り

↩ 裏返す
↻ 向きを変える
⇨ 広げる
拡大した図
///////// 糊づけ箇所

中割り折り
折りすじに沿って、内側に入れる

かぶせ折り
折りすじに沿って、外側に折る

仮想線
次の形や見えない部分を示す

等分記号
同じ長さをあらわす

※大きさの違うキャラクターで折り方は一緒の場合、写真内のサイズは一番大きい折り紙に合わせています。小さい方は、写真と作品を照らし合わせながら折り進めてください。

小さいサイズの折り紙の作り方

アイテムによっては、15cm角の折り紙を切った小さいサイズを使用します。ここでは、その作り方をご説明します。

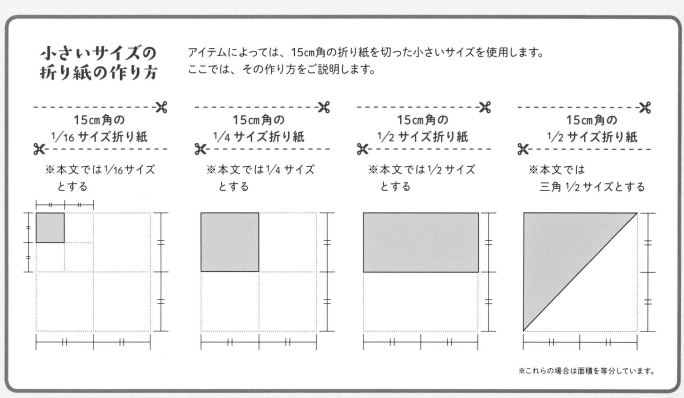

15cm角の
1/16サイズ折り紙
※本文では1/16サイズとする

15cm角の
1/4サイズ折り紙
※本文では1/4サイズとする

15cm角の
1/2サイズ折り紙
※本文では1/2サイズとする

15cm角の
1/2サイズ折り紙
※本文では三角1/2サイズとする

※これらの場合は面積を等分しています。

1

顔（人間）

1/2 サイズ　1枚

1 半分□に折りすじをつけ、中心線まで折る

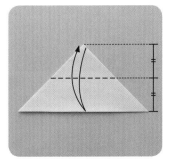

2 折って戻す

3 ❷でつけた折りすじまで折る

4 角を矢印の先に合わせて折る

5 矢印の先まで折る

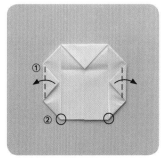

6 ①少し残して外側に折る ②○の角を少し内側に折る

7 ○の部分を中割り折りにする

8 ❼の詳細（開いて、矢印のところを内側に折り込む）

9 ○の角を少し折る

10 図のようになる

11 裏返して、出来上がり

2

頭髪①

1/2 サイズ　1枚

1 十字田に折りすじをつけ、中心線まで折る

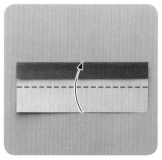

2 端に合わせて折り、中に差し込む

3 中心線まで折って戻す

4 ●のところを支点に、ななめに折る

8 セットしたところ

3 横のラインまで折り、下に差し込む

2 頭髪①の④より

1 折りすじのところで折る

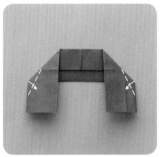

5 角を折る

3

頭髪②

1/2 サイズ　1枚

4 図のようになる

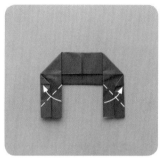

2 矢印の先のラインまでななめに折る

6 図のようになる

2 頭髪①の④より

1 折りすじのところで折る

5 裏返して、出来上がり

3 折り上げる

7 裏返して、出来上がり

2 ななめに折る

4

頭髪③

1/2 サイズ　1枚

4 図のようになる

5 裏返して、出来上がり

3 中心線まで折る

7 セットしたところ

3 ❷の詳細

5
頭髪④

1/2 サイズ　1枚

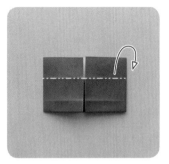

4 折りすじのところで後ろに折る

6
体
（人間・動物・サンタクロース）

15cm角　1枚

4 上の1枚のみを折って戻す（印をつけるのみ）

1 十字⊞に折りすじをつけ、中心線まで折って戻す

5 角を後ろに折る

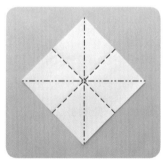

1 十字◇の折りすじを谷折りでつけてから、山折り⊕で折りすじをつける

5 上のみを、❹でつけた印の中心まで折る

2 ❶の折りすじまで折る

6 出来上がり

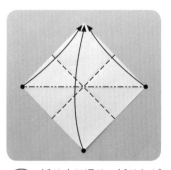

2 折りすじ通りに折りながら、●の角を1か所に集める

6 後ろに折る

7 ページをめくるように、前後を折る

<人間・サンタクロースの手>

11 ⑩で折った部分をかぶせ折りにする

15 立体の体の出来上がり

19 ●と○を合わせ、ついてくる部分をつぶす

8 間の紙を引き出し、三角形につぶす

<人間・サンタクロースの手>　<動物の手>

12 人間・サンタクロースの手の出来上がり（左）
動物の手は、⑩で折った部分を中割り折りにする（右）

<平面の体>

16 図のように、つぶす

20 ⑲の詳細

9 ⑧の詳細

<立体の体>

13 開いて立体にする

17 平面の体の出来上がり

21 反対側も同様に折る

10 ○の部分を少しだけ折る

14 ⑬の詳細（底を四角に折る）

<指人形の体>

18 上のみを折り上げる

22 重なりに糊をつけて、貼り合わせる

23 裏返して、指人形の体の出来上がり

2 折って戻す

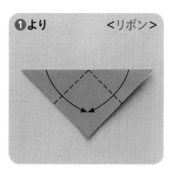

❶より ＜リボン＞

6 中心線まで折る

10 セットしたところ

24 指を入れたところ

3 ❷の折りすじまで折る

7 上のみをそれぞれ折る

11 セットしたところ

7

襟・リボン

1/4 サイズ　1枚

4 中心線まで折る

8 ⇨のところに指を入れてふくらませ、四角形につぶす

8

顔（動物）

1/2 サイズ　1枚

＜襟＞

1 縦◇に折りすじをつけ、半分に折る

5 襟の出来上がり

9 リボンの出来上がり

❶顔（人間）の❹より

1 三等分のところで折る

2 角を少し折る

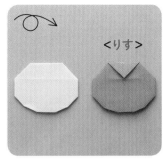

6 裏返して、出来上がり。
りすは、上部の三角を
手前に折る

<りす>

3 角を折る

7 耳の出来上がり

3 折った角を中割り折り
にする

9

耳（うさぎ）・
コスモス

耳（うさぎ）：1/2 サイズ　1枚
コスモス：1/2 サイズ　4枚

4 後ろに半分に折る

8 セットしたところ

4 ❸の詳細（開いて、矢
印のところを内側に折
り込む）

1 十字⊞に折りすじをつ
け、中心線まで折る

5 中心線まで折る

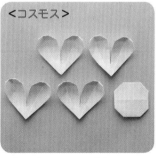

<コスモス>

9 ❼を4つと34丸を用意
する

5 図のようになる

2 角を折る

6 上のみを、それぞれなな
めに折る

10 裏返して、貼る

11 裏返して、コスモスの
出来上がり

3 矢印の先まで折り、つ
いてくる部分を浮かせて
おく

7 中心線で折り上げる

11
茎・葉
（チューリップ）

15cm角　1枚

10
花
（チューリップ）

15cm角　1枚

4 中心線に合わせるよう
に折る

8 角を折る

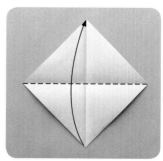

1 縦◇に折りすじをつけ、
半分に折る

1 十字田に折りすじをつ
け、後ろの中心線まで
折って戻す

5 ⇨のところに指を入れ、
三角形に広げてつぶす

9 図のようになる

2 中心線まで折る

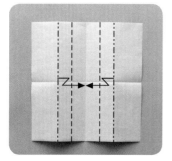

2 ❶でつけた山折り線を
つまんで、中心線に合
わせて段折りをする

6 中心線まで折る

10 裏返して、出来上がり

3 折った時に水平になる
よう、三角形に折る

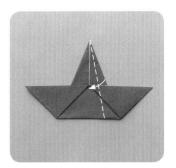

4 中心線に合わせるように折る

8 ●の角と●を合わせるように折る

12

胸元
（くま・りす）

1/4 サイズ　1枚

13

耳（くま）・
目（かえる）

1/2 サイズ　1枚

5 図の位置で開くように折る

9 指人形にする場合は、テープで留める

7 襟の**5**より

1 図より

9 耳（うさぎ）の**4**より

1 間を少しあけて、ななめに折る

6 中心線に合わせるように折る

10 裏返して、出来上がり

2 裏返して、胸元（りす）の出来上がり。胸元（くま）は、上の1枚のみを細長く折る

2 上のみを、それぞれななめに折る

7 図の位置で開くように折る

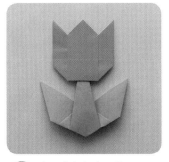

11 セットしたところ

3 胸元（くま）の出来上がり

3 出来上がり

④ セットしたところ

③ 折った部分が左側にくるように裏返して、中心線まで折って戻す

⑦ 出来上がり

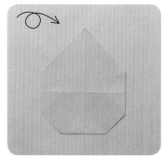

③ 裏返して、木①の出来上がり

---

14 こいのぼり

15cm角　1枚

④ 折りすじまで折る

---

15 木①・②（桜の木）

15cm角　1枚

④ 木②（桜の木）は、全ての角を折って出来上がり

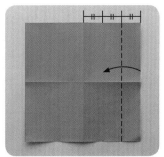

① 十字田に折りすじをつけ、三等分のところで折る

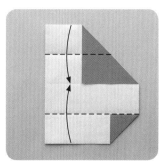

⑤ 中心線まで折る

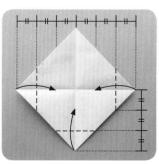

① 十字◇に折りすじをつけ、三等分のところで折る

---

16 木③

15cm角　1枚

② 図のようになる

⑥ 半分に折る。指人形にする場合は、///部分に糊をつけて、留める

② 図のようになる

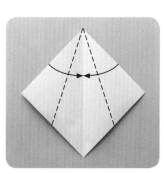

① 縦◇に折りすじをつけ、中心線まで折る

2 中心線まで折って戻す

17

幹①

1/4 サイズ　1枚

4 ななめに折り上げる

8 裏返して、出来上がり

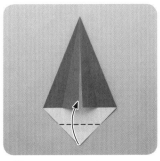

3 図の位置で折る

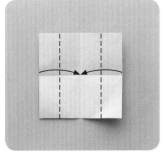

1 十字⊞に折りすじをつけ、中心線まで折る

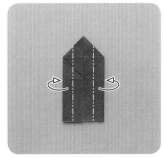

5 後ろの中心線まで折る

9 セットしたところ

4 図のようになる

2 中心線まで折って戻す

6 ななめに折る

18

幹②

1/4 サイズ　1枚

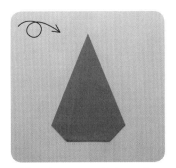

5 裏返して、出来上がり

3 ●と○を合わせるように折り、ついてくる部分を三角形につぶす

7 図のようになる

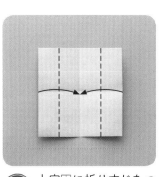

1 十字⊞に折りすじをつけ、中心線まで折る

43

2 さらに中心線まで折る

19
てるてるぼうず

15cm角　1枚

4 ②の折りすじまで折る

8 図のようになる。指人形にする場合は、テープで留める

3 図のようになる

1 十字⊞に折りすじをつけ、中心線まで折る

5 図のようになる

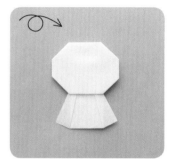

9 裏返して、出来上がり

4 裏返して、出来上がり

2 中心線まで折って戻す

6 裏返して、上のみを中心線まで折り、ついてくる部分を三角形につぶす

20
水滴・指入れ

1/4サイズ　1枚

5 セットしたところ

3 上のみを折る

7 角を折る

1 縦◇に折りすじをつけ、中心線まで折る

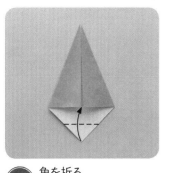

2 角を折る

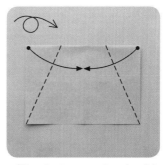

4 裏返して、●の角が中心線に合うように折る

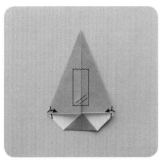

3 テープで留めて、指入れの出来上がり。
水滴は、内側に少しだけ折る

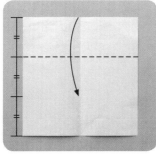

1 縦□に折りすじをつけ、三等分のところで折る

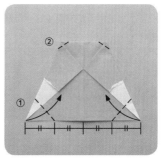

5 ①四等分のところで折る
②角を少し折る

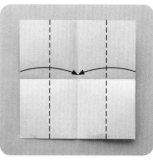

1 十字田に折りすじをつけ、中心線まで折る

4 図のようになる

2 〰〰のラインを、手で破る

6 図のようになる

2 中心線まで折って戻す

5 裏返して、水滴の出来上がり

3 図のようになる

7 裏返して、出来上がり

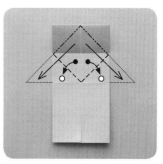

3 ●と○を合わせるように折り、ついてくる部分を三角形につぶす

45

4 後ろに折る

8 図のようになる

12 セットしたところ

3 図のようになる

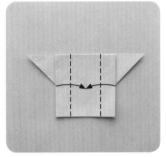

5 上のみを中心線まで折り、ついてくる部分を三角形につぶす

9 裏返して、四等分のところで折り上げながら⑩の図にする

23

スプーン

1/2 サイズ　1枚

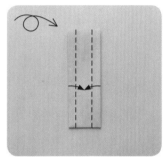

4 裏返して、上のみを中心線まで折り、ついてくる部分を三角形につぶす

6 図の位置で折って戻す

10 ○で囲んだ重なっている部分を、内側に入れる

1 十字⊞に折りすじをつけ、中心線まで折る

5 角を折る

7 ●と○を合わせるように上のみを折り、ついてくる部分を三角形につぶす

11 出来上がり

2 中心線まで折る

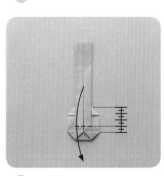

6 四等分くらいのところで折り返す

⑦ 中心線まで折り、つい てくる部分を三角形につ ぶす

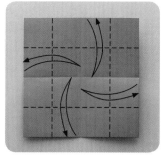

① 十字⊞に折りすじをつ け、中心線まで折って 戻す

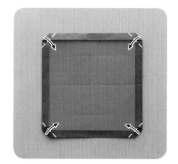

⑤ 図の位置で折る

⑨ 半分に折って、1/4 スイ カの出来上がり

⑧ 図のようになる

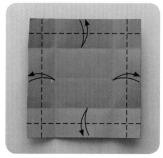

② ❶でつけた折りすじま で折って戻す

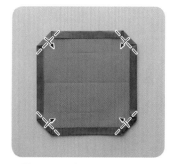

⑥ 図の位置で折る

⑩ さらに半分に折って、 1/8 スイカの出来上が り

⑨ 裏返して、出来上がり

③ ❷でつけた折りすじま で折る

⑦ 図の位置で折る

25
ソフトクリーム

15cm 角　1枚

24
スイカ

15cm 角（両面折り紙）　1枚

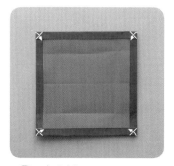

④ 角を折る

⑧ 丸いスイカの出来上がり

① 十字✛に折りすじをつ け、中心まで折る

2 図の位置で折って戻す

6 裏返して、段折りの上を伸ばす

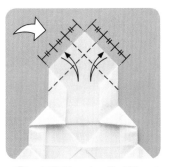

10 三等分のところで折って戻す

26

コーン

15cm角　1枚

3 図のようになる

7 図の位置で内側に折り、ついてくる部分を三角形につぶす

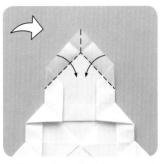

11 左右一緒に折って、先をつまんで尖らせる

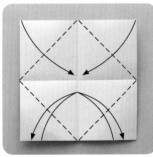

1 十字田に折りすじをつけ、中心まで折る（下部は折って戻す）

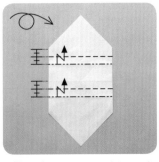

4 裏返して、山折りの部分をつまんで段折りをする

8 ❻で伸ばした段折りを戻す

12 つまんだ部分を片側に倒す

2 折りすじを合わせるように折る

5 図のようになる

9 図の位置で内側に折り、ついてくる部分を三角形につぶす

13 裏返して、出来上がり

3 折りすじを合わせるように折る

4 後ろに折る

1 十字田に折りすじをつけ、中心線まで折る

5 ななめに折る

9 矢印の先に合わせるように折る

5 出来上がり

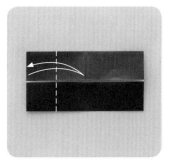

2 中心線まで折って戻す

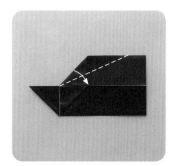

6 矢印の先に合わせるように折る

10 上のみを、図の位置で折る

6 セットしたところ

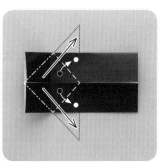

3 ●と○を合わせるように折り、ついてくる部分を三角形につぶす

7 上のみを、図の位置で折る

11 図のようになる

27

くじら

尾：15cm角　1枚
頭：15cm角　1枚

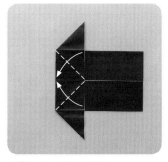

4 ななめに折る

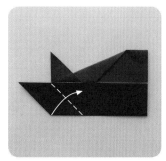

8 ななめに折る

12 裏返して、尾の出来上がり

13 十字田に折りすじをつけ、中心線まで折って戻す

17 頭の出来上がり

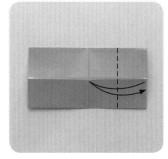

2 中心線まで折って戻す

6 三等分のところでななめに折る

14 ●の角を折りすじに合わせるように折る

18 セットしたところ。指人形にする場合は、/// 部分の裏側を糊で留める

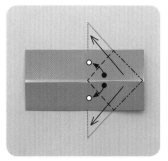

3 ●と○を合わせるように折り、ついてくる部分を三角形につぶす

7 図のようになる

15 半分に折る

28

金魚

15cm 角　1枚

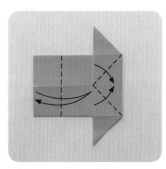

4 図のように折る

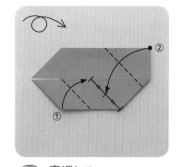

8 裏返して
①ななめに折る
②●の角を図の位置まで折る

16 角を後ろに折る

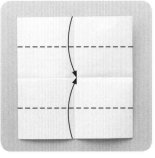

1 十字田に折りすじをつけ、中心線まで折る

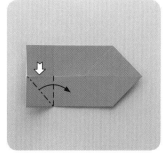

5 ⇨のところに指を入れ、開いて三角形につぶす

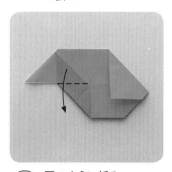

9 図のように折る

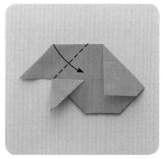

10 図のように折る

14 図のようになる

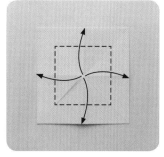

2 外側のラインまで折る

6 ❺を2つ重ねて、出来上がり。
ヒマワリは**34**丸を中心に貼って、出来上がり

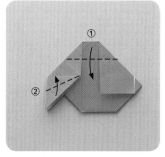

11 ①折りすじまで折る
②上のみ折る

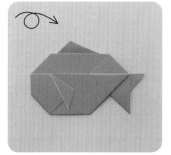

15 裏返して、出来上がり

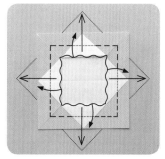

3 ～～のラインを外側のラインに合わせるように折る

30

茎（ヒマワリ・サツマイモ・タンポポ）

ヒマワリ・サツマイモ：
1/2サイズ　1枚
タンポポ：1/4サイズ　1枚

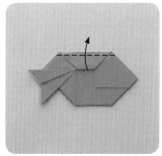

12 少し残して折り上げる

29

花（ヒマワリ・タンポポ）

ヒマワリ：15cm角　2枚
タンポポ：1/4サイズ　2枚

4 図のようになる

<ヒマワリ>

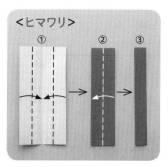

1 ①縦□に折りすじをつけ、中心線まで折る
②半分に折る
③茎（ヒマワリ）の出来上がり

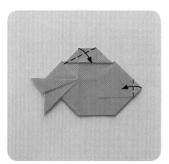

13 図のように折る

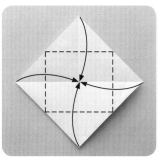

1 十字⊕に折りすじをつけ、中心まで折る

5 裏返す

<サツマイモ>　❶の①より

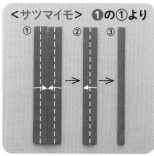

2 ①中心線まで折る
②半分に折る
③茎（サツマイモ）の出来上がり

③ セットしたところ
（サツマイモ）

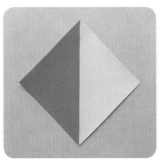

② ハート 2 色バージョン
用折り紙の出来上がり。
ハート 2 色バージョンで
なければ、❸から始める

⑥ 図のようになる

32

耳
（ねこ・りす）

1/2 サイズ　1枚

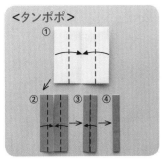

④ ①縦□に折りすじをつけ、
中心線まで折る　②中心線
まで折る　③半分に折る　④
茎（タンポポ）の出来上が
り

③ 裏返して十字◇に折り
すじをつけ、中心まで
折る

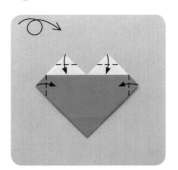

⑦ 裏返して、角を折る
（チューリップの葉とし
て使う場合は、上部の
角は折らない）。

① 十字□に折りすじをつ
け、中心線まで折る

31

葉 (ヒマワリ・サツマイモ)・
ハート

葉・ハート：15cm 角　1枚
ハート 2 色バージョン：
15cm 角+三角 1/2 サイズ　各 1 枚

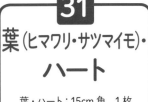

④ 矢印の先まで折る

⑧ 図のようになる

② 角を折る

① 向かって右側に三角
1/2 サイズを貼る

⑤ 中心線まで折る

⑨ 裏返して、出来上がり

③ 中心線までななめに折
る

4 後ろに半分に折る

8 セットしたところ

3 半分に折る

7 出来上がり

5 中心線まで折る

33
耳（ぶた）
1/2 サイズ　1枚

4 間を少しあけて、ななめに折る

34
丸
くま・ぶた：1/16 サイズ　1枚
コスモス・雪玉・タンポポ：
1/4 サイズ　1枚
ヒマワリ：15cm 角　1枚

6 上のみを、それぞれ開くように折る

1 十字田に折りすじをつけ、中心線まで折る

5 上のみを、それぞれ開くように折る

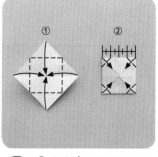

1 ①十字に折りすじをつけ、中心まで折る
②角を折る

7 出来上がり（上部は立体的になる）

2 角を折る

6 図の位置で手前に折る（上部は立体的になる）

2 図のようになる

53

3 裏返して、出来上がり

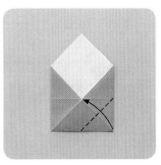

2 図のように、中心まで折る

36
きのこハウス・家

傘・屋根：15cm角　各1枚
柄：15cm角　1枚

4 図のようになる

4 セットしたところ

3 図のようになる

<傘>

1 十字⊕に折りすじをつけ、中心まで折り、印をつけて戻す

5 裏返して、傘の出来上がり

35
しっぽ（りす）

1/4サイズ　1枚

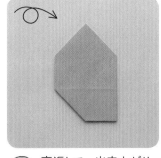

4 裏返して、出来上がり

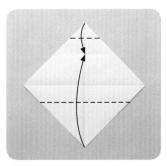

2 印まで折る

<柄>

6 十字⊕に折りすじをつけ、中心まで折って戻す

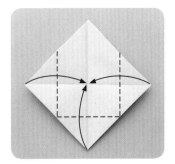

1 十字⊕に折りすじをつけ、中心まで折る

5 裏側から見たりす

3 角を折る

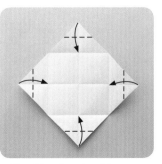

7 折りすじまで折る

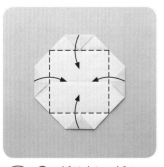

8 ⑥の折りすじで折る

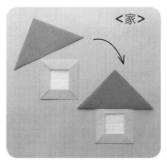

12 ⑧に15cm角を三角形に折った屋根をつけて、出来上がり

<家>

3 図のようになる

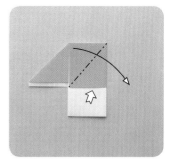

7 ⇨のところに指を入れ、開いて三角形につぶす

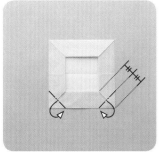

9 角を折る

37

きのこ

15cm角　1枚

4 裏返して、三等分のところで折る

8 ①角まで折る
②角を少し折る

10 柄の出来上がり

1 横□に折りすじをつけ、中心線まで折って戻す

5 ⇨のところに指を入れ、開いて三角形につぶす

9 図のようになる。指人形にする場合は、/// 部分の裏側を糊で留める

11 セットしたところ

2 ①でつけた折りすじまで折る

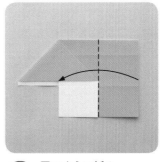

6 図のように折る

10 裏返して、出来上がり

38

サツマイモ ①

15cm角　1枚

4 三等分のところで折る

38 サツマイモ ① の ❸ より

1 三等分のところで折る

5 角を後ろに折る

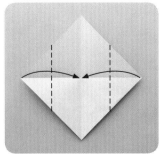

1 十字⊕に折りすじをつけ、中心まで折る

5 指人形にする場合は、/// 部分の裏側を糊で留める

2 図のようになる

6 出来上がり

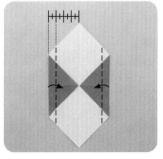

2 四等分のところで折る

6 裏返して、出来上がり

3 裏返して、折りすじまで折る

40

サツマイモ ③

15cm角　1枚

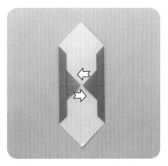

3 折った部分を広げる

39

サツマイモ ②

15cm角　1枚

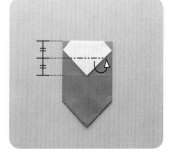

4 後ろに折り込む

1 十字⊕に折りすじをつけ、中心まで折る

2 矢印の先まで折って、内側に入れる

6 図のようになる

2 中心線まで折って戻す

6 45度左側に回す。⇨のところに指を入れてふくらませ、つぶす

3 矢印の先まで折る

7 裏返して、出来上がり

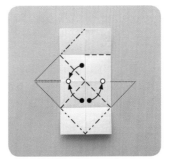

3 ●と○を合わせるように折り、ついてくる部分を三角形につぶす

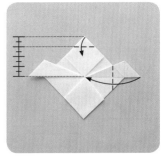

7 矢印の先まで折る

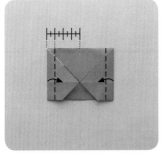

4 四等分のところで折る

41

おばけ

15cm角　1枚

4 ななめに折る

8 ①外側に折る
②指人形にする場合は、図のように中心を少し重ねて折る

5 中心線まで折る

1 十字田に折りすじをつけ、中心線まで折る

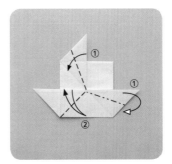

5 ①図の位置で折る
②図の位置で折って戻す

9 テープで留める

10 裏返して、図の位置で折る

2 折りすじまで折る

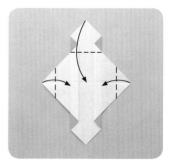

6 矢印の先まで折る

10 ①角を折る
②中心線まで折る

11 出来上がり

3 外側に折る

7 角を折る

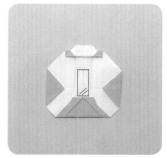

11 図のようになる。指人形にする場合は、テープで留める

42

ジャック・オー・ランタン

15cm角 1枚

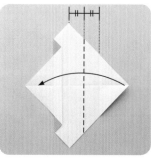

4 図の位置で折る

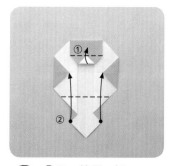

8 ①図の位置で折る
②●を矢印の先に合わせるように、折る

12 裏返して、出来上がり

1 十字◇に折りすじをつけ、中心まで折って戻す

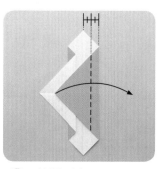

5 外側に折る

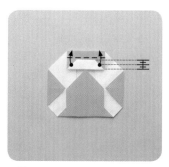

9 ●の位置を、矢印の先に合わせる

43

黒猫

顔：1/2サイズ 1枚
体：15cm角 1枚

1 <顔> 十字田に折りすじをつけ、角を中心線まで折る

5 図のようになる

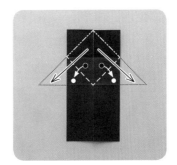

9 ●と○を合わせるように折り、ついてくる部分を三角形につぶす

13 ~~~のラインを、下部に合わせて折る

2 中心まで折って戻す

6 裏返して、顔の出来上がり

10 中心線に合わせて折る

14 図のようになる

3 ○のところをつまんで、中心に寄せる

7 <体> 十字田に折りすじをつけ、中心線まで折る

11 図のようになる

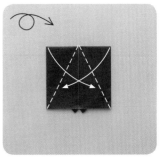

15 裏返して、ななめに折る

4 中心まで折る

8 中心線まで折って戻す

12 裏返して、先を少し折る

16 指人形にする場合は、重なりに糊をつけて、貼り合わせる

17 裏返して、体の出来上がり

1 十字✛に折りすじをつけ、中心まで折って戻す

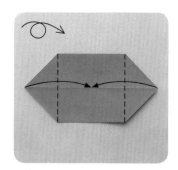

5 裏返して、中心まで折る

9 ①⇨のところに指を入れてふくらませ、つぶす
②角を折る

＜立体＞

18 立体にする場合は、図のように左右を少しずつつぶす

2 折りすじまで折る

6 中心線まで折る

10 角を折る

19 立体の出来上がり

3 ❶の折りすじで折る

7 中心線まで折って戻す

11 間に差し込んで、立体にする

44

握り寿司

15cm角　1枚

4 図のようになる

8 ❼の折りすじまで折って戻す

12 出来上がり

45

軍艦巻き

15cm角（両面折り紙） 1枚

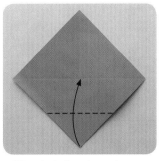
4 中心線で折る

8 形を整えて、出来上がり

3 中心線で折る

1 十字⊕に折りすじをつけ、中心まで折る

5 図のようになる

46

巻き物

15cm角 1枚

4 図のようになる

2 中心線まで折る

6 裏返して輪にし、片方に差し込む

1 横□に折りすじをつけ、三等分のところで折る

5 裏返して輪にし、片方に差し込む

3 角を折る

7 ○の部分をもんで、中に入れる

2 中心線まで折る

6 白い部分をもんで、中に入れる

61

7 丸く整えて、出来上がり

3 上のみを折る

1 十字田に折りすじをつけ、中心線まで折る

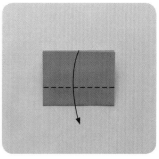

5 上の1枚のみ、下の折りすじのところで折る

47

エビの尾

1/16 サイズ　1枚

4 出来上がり

2 印をつけて戻す

6 図のようになる

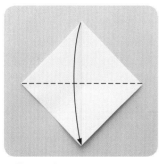

1 縦◇に折りすじをつけ、半分に折る

5 セットしたところ

3 三等分のところで折る

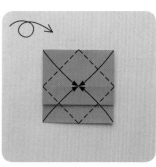

7 裏返して、中心まで折る

2 半分に折る

48

顔
(サンタクロース)

1/2 サイズ　1枚

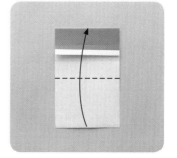

4 半分に折る

8 段差のあるところまでななめに折る

9 図のようになる

2 後ろの中心線まで折って戻す

6 ⇨のところに指を入れてふくらませ、三角形につぶす

10 図のようになる

10 裏返して、出来上がり

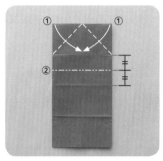

3 ①中心線まで折る
②折りすじをつける

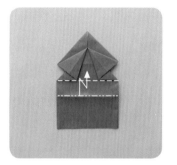

7 山折りの折りすじをつまんで、段折りをする

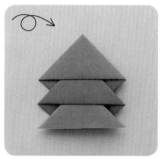

11 裏返して、出来上がり

49
クリスマス ツリー
15cm 角　1枚

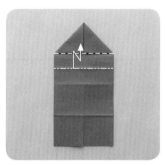

4 折りすじをつまんで、段折りをする

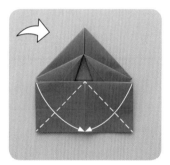

8 上のみを中心線まで折る（ついてくる部分は浮かせておく）

50
幹・鉢
1/2 サイズ　1枚

1 十字田に折りすじをつけ、中心線で折る

5 上のみを中心線まで折る（ついてくる部分は浮かせておく）

9 ⇨のところに指を入れてふくらませ、三角形につぶす

1 十字田に折りすじをつけ、中心線で折る

2 後ろに半分に折る

3 上のみを半分に折る

4 四等分のところで折る

5 図のようになる

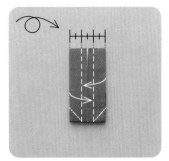

6 裏返して上を三等分で折り、ついてくる部分を三角形につぶす

7 ななめに折る

8 図のようになる

9 裏返して、出来上がり

10 セットしたところ

51

だるま

1/2 サイズ　1枚

1 十字田に折りすじをつけ、中心線まで折って戻す

2 折りすじまで折って戻す

3 ①→②の順に、折りすじまで折る

4 折りすじに合わせて折る

5 図のようになる

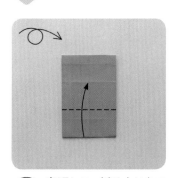

6 裏返して、折りすじまで折る

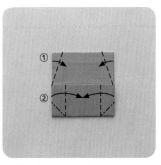

7
① ななめに折る
② ❽の図になるように、上のみを中心線まで折り、ついてくる部分を三角形につぶす

52

十二支
（ねずみ）

15cm角　1枚

4 中心線まで折る

8 図のように折る。下部は、❼の②でつけた折りすじで中割り折りをする

8 図のようになる。指人形にする場合は、テープで留める

1 十字田に折りすじをつけ、中心線まで折る

5 ∧∧∧∧のライン同士を合わせるように、ななめに折る

9 少し重なるように折る

9 裏返して、○の角を後ろに折る

2 中心線まで折って戻す

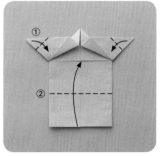

6
① 角まで折る
② 中心線まで折る

10 指人形にする場合は、重なりを糊、またはテープで留める

10 出来上がり

3 ●と○を合わせるように折り、ついてくる部分を三角形につぶす

7
① 角を折る
② 中心まで折って戻す

11 裏返して、出来上がり

53

十二支
（うし）

15cm角　1枚

↓

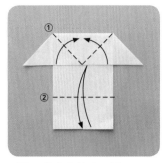

4 ①中心線まで折る
②中心線まで折って戻す

↓

8 折りすじで折る

↓

12 図のようになる。指人形にする場合は、テープで留める

↓

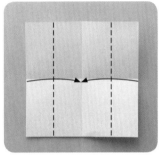

1 十字⊞に折りすじをつけ、中心線まで折る

↓

5 上のみを折って戻す

↓

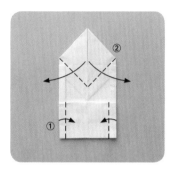

9 ①内側に折り、ついてくる部分を三角形につぶす
②ななめに折る

↓

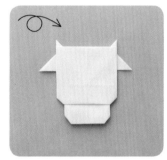

13 裏返して、出来上がり

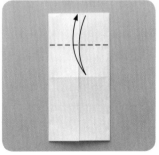

2 中心線まで折って戻す

↓

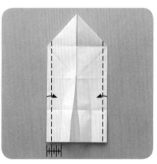

6 つけた印に向かって、三等分のところで折る

↓

10 それぞれ図の位置で折る

↓

54

十二支
（とら）

15cm角　1枚

↓

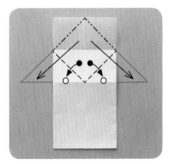

3 ●と○を合わせるように折り、ついてくる部分を三角形につぶす

↓

7 図のラインまで折る

↓

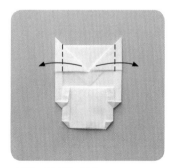

11 外側に折る

↓

1 十字⊞に折りすじをつけ、後ろの中心まで折る

↓

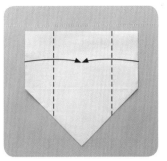

② 中心線まで折る

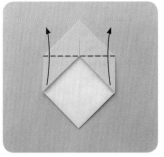

⑥ 折りすじで折る

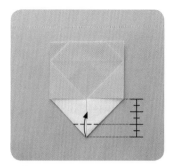

⑩ 三等分のところで折る

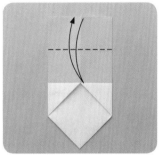

③ 中心線まで折って戻す

⑦ 図のように折る

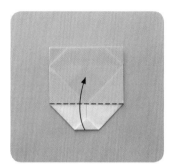

⑪ 図の位置で折る

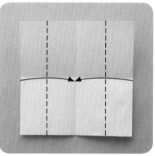

① 十字田に折りすじをつけ、中心線まで折る

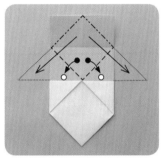

④ ●と○を合わせるように折り、ついてくる部分を三角形につぶす

⑧ 図のようになる。指人形にする場合は、矢印のところに指を入れる

⑫ 角を後ろに折る

② 中心線まで折って戻す

⑤ 中心線まで折る

⑨ 裏返して、白い部分を折る

⑬ 出来上がり

③ ②の折りすじまで折る

4 図のようになる

8 図のようになる。指人形にする場合は、テープで留める

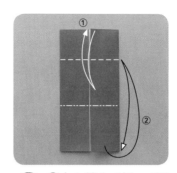

2 ①中心線まで折って戻す
②①でつけた折りすじまで後ろに折って、戻す

6 折りすじのところで段折りをする

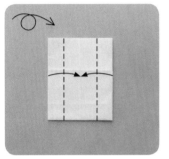

5 裏返して、上のみを中心線まで折り、ついてくる部分を三角形につぶす

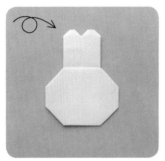

9 裏返して、出来上がり

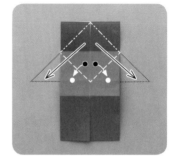

3 ●と○を合わせるように折り、ついてくる部分を三角形につぶす

7 ななめに折る

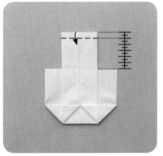

6 六等分くらいのところで、下の1枚を残して手前に折る。両端は三角形につぶす

56
十二支（たつ）

15cm角　1枚

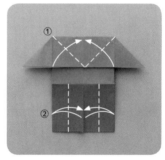

4 ①中心線まで折る
②上のみを、外側のラインまで折って戻す（折りすじをつける）

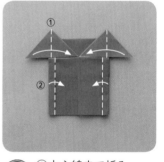

8 ①中心線まで折る
②下を残して内側に折り、ついてくる部分を三角形につぶす

7 角をそれぞれ折る

1 十字⊞に折りすじをつけ、中心線まで折る

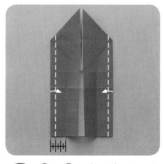

5 ④の②の印に向かって、三等分のところで折る

9 それぞれ図の位置で折る

10 図のようになる。指人形にする場合は、テープで留める

2 中心線まで折る

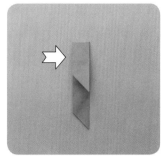

6 ⇒に指を入れてふくらませ、つぶす

58

十二支
（うま）

15cm角　1枚

11 裏返して、出来上がり

3 折って戻す

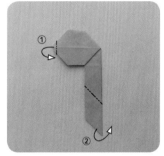

7 ①後ろに少し折る
②真ん中くらいで後ろに折る

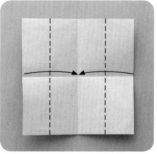

1 十字⊞に折りすじをつけ、中心線まで折る

57

十二支
（へび）

15cm角　1枚

4 半分に折る

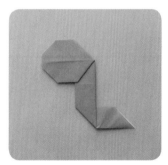

8 出来上がり

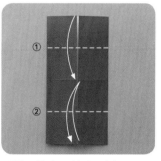

2 ①中心線まで折る
②中心線まで折って戻す

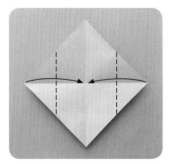

1 十字◇に折りすじをつけ、中心まで折る

5 ❸の折りすじで折る

9 指人形にする場合は、裏返して内側を糊で留める

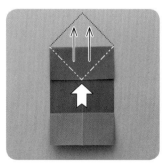

3 ⇒のところに指を入れてふくらませ、四角形につぶす

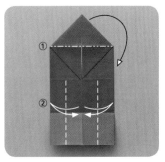

4 ①後ろに折る
②上の1枚のみを、外側のラインまで折って戻す

8 下を残して内側に折り、ついてくる部分を三角形につぶす

59
十二支（ひつじ）

15cm角　1枚
指入れ：1/4サイズ　1枚

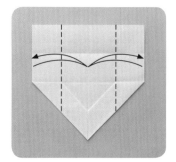

4 中心線まで折って戻す

5 ❹の②の印に向かって、三等分のところで折る

9 ①ななめに折る
②角を折る

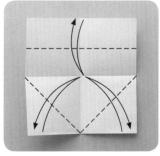

1 十字田に折りすじをつけ、中心線まで折って戻す

5 折りすじまで折る

6 半分に折る

10 図のようになる。指人形にする場合は、テープで留める

2 折りすじまで折る

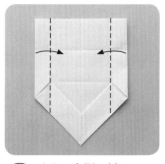

6 さらに内側に折る

7 上のみを折りすじで折る

11 裏返して、出来上がり

3 ❶の折りすじで折る

7 折りすじまで折る

8 角を内側に折る

12 出来上がり

2 折りすじまで折る

6 出来上がり。指は、後ろの重なりに入る

9 ⇨のところに指を入れ、角を出す

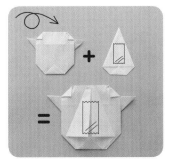

13 指人形にする場合は、裏返して後ろに 20 指入れをつける（飛び出る部分は後ろに折り込む）

3 折りすじで折る

61

十二支
（とり）

15cm角　1枚

10 ついている折りすじより少し下に向かって折る

60

十二支
（さる）

15cm角　1枚

4 それぞれ折る

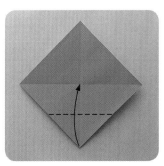

1 十字⊕に折りすじをつけ、中心まで折る

11 角を折る

1 十字⊕に折りすじをつけ、中心まで折って戻す

5 角を折る

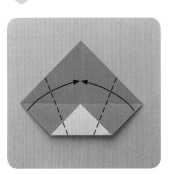

2 中心線まで折る

③ 後ろの中心線まで折る

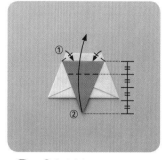

⑦ ①角を折る
②四等分のところで折る

① 十字田に折りすじをつけ、中心線まで折って戻し、つけた折りすじまでさらに折って戻す

⑤ 中心線まで折って戻す

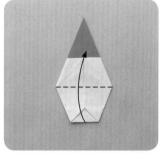

④ 角のところで折る

⑧ 図のようになる。指人形にする場合は、テープで留める

② ❶の折りすじまで折る

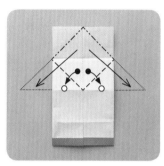

⑥ ●と○を合わせるように折り、ついてくる部分を三角形につぶす

⑤ 図のようになる

⑨ 裏返して、出来上がり

③ 図のようになる

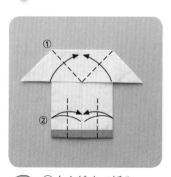

⑦ ①中心線まで折る
②上のみを、外側のラインまで折って戻す

⑥ 裏返して、図の位置で折る

62
十二支
（いぬ）

15cm角　1枚

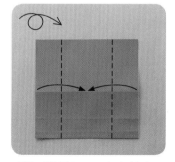

④ 裏返して、中心線まで折る

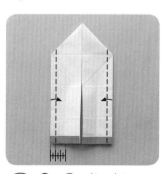

⑧ ❼の②の印に向かって、三等分のところで折る

72

9 角のところまでななめに折る

13 図のようになる。指人形にする場合は、テープで留める

2 三等分の角度で折る

6 角のラインまで折る

10 折りすじを山折りにして、矢印の先のラインに合わせるように段折りをする

14 裏返して、出来上がり

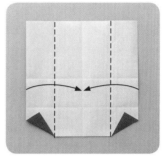

3 折りすじで折る

7 さらに図の位置で折る

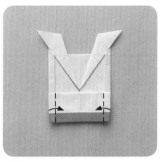

11 下を残して内側に折り、ついてくる部分を三角形につぶす

63
十二支
（いのしし）

15cm角　1枚
指入れ：1/4サイズ　1枚

4 中心線まで折って戻す

8 中心線に合わせて折る

12 正面側のラインに合わせるように山折りをして、中割り折りをする

1 十字田に折りすじをつけ、中心線まで折って戻す

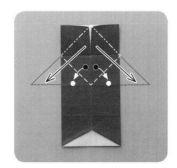

5 ●と○を合わせるように折り、ついてくる部分を三角形につぶす

9 外側のラインに合わせて折る

73

10 それぞれの角を折る

14 角を少し折る

4 図のように折って戻す

11 図のようになる

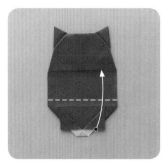

15 ●のラインが折りすじ
に来るように折る

1 十字田に折りすじをつ
け、中心線まで折って
戻す

5 折りすじを山折りにして、
❹の折りすじに合わせる
ように段折りをする

12 裏返して、中心線まで
折る

16 出来上がり

2 折りすじまで折る

6 図のようになる

13 先がほんの少し出るよ
うに折る

17 指人形にする場合は、
裏返して後ろに20指入
れをつける（飛び出る
部分は後ろに折り込む）

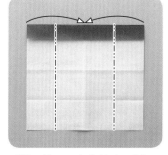

3 後ろの中心線まで折る

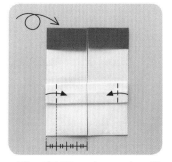

7 裏返して上のみを四等
分のところで折り、つい
てくる部分を三角形につ
ぶす

8 図の位置でななめに折る

＜2色バージョン＞

1 上部に三角1/2サイズを貼る

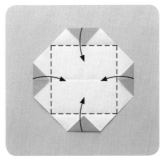

5 ❸の折りすじで折る

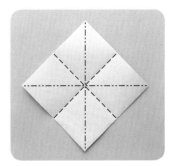

1 十字◇の折りすじを谷折りでつけてから、山折り◈で折りすじをつける

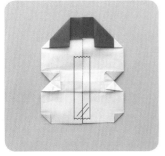

9 図のようになる。指人形にする場合は、テープで留める

2 2色バージョン用折り紙の出来上がり。2色バージョンでなければ、❸から始める

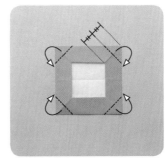

6 角を後ろに折る

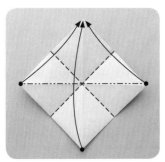

2 折りすじ通りに折りながら、●の角を1か所に集める

10 裏返して、出来上がり

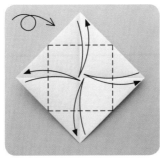

3 裏返して十字◈に折りすじをつけ、中心まで折って戻す

7 出来上がり

3 ❷の詳細

65

ドーナッツ

15cm角 1枚
2色バージョン：
15cm角＋三角1/2サイズ 各1枚

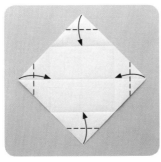

4 折りすじまで折る

66

体
（<ruby>男雛<rt>お びな</rt></ruby>・<ruby>女雛<rt>め びな</rt></ruby>）

15cm角 1枚

4 上の1枚のみを折って戻す（印をつけるのみ）

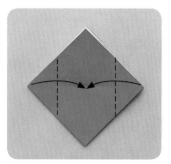

5 上のみを、❹でつけた印の中心まで折る

9 ❽の詳細（底を四角に折る）

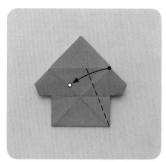

13 ●と○を合わせ、ついてくる部分をつぶす

6 折って戻す

10 立体の体の出来上がり

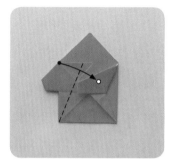

14 反対側も同様に折る

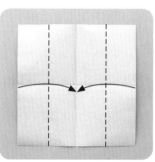

1 十字田に折りすじをつけ、中心線まで折る

7 ❻でつけた折りすじで中割り折りにする

<平面の体>

11 底をつぶして、平面の体の出来上がり

15 重なりに糊をつけて、貼り合わせる

2 中心線まで折って戻す

<立体の体>

8 折って戻し、開いて立体にする

<指人形の体>

12 裏返した図。上を折り上げる

16 裏返して、指人形の体の出来上がり

3 ●と○を合わせるように折り、ついてくる部分を三角形につぶす

76

④ ななめに折る

⑧ 図のように折る

⑫ 出来上がり

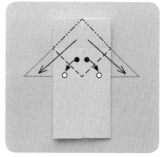

③ ●と○を合わせるように折り、ついてくる部分を三角形につぶす

⑤ 端に合わせて折る

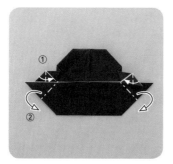

⑨ ①図の位置で折る
②後ろに折る

68

冠

1/4 サイズ　1枚

④ ななめに折る

⑥ 左右を外側に開く

⑩ ①左右を折る
②角をさらに後ろに折る

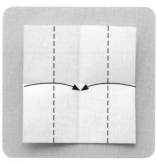

① 十字⊞に折りすじをつけ、中心線まで折る

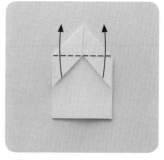

⑤ 折り上げる

⑦ 左右を折る

⑪ 上部を後ろに折る

② 中心線まで折って戻す

⑥ 図のようになる

7 裏返して、半分に折る

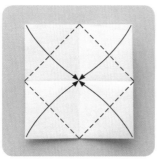

1 十字田に折りすじをつけ、中心まで折る

5 折りすじを全て山折りにして、出来上がり

2 端に合わせて折り、中に差し込む

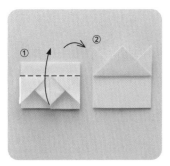

8 ①折りすじのところで折り上げる
②出来上がり

2 半分に折る

6 セットしたところ

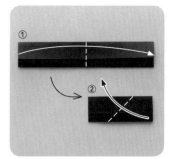

3 ①半分に折る
②折った時に真ん中になるように、上のみをななめに折る

9 セットしたところ

3 中心線まで折る

70

えぼし
烏帽子

1/2 サイズ　1枚

4 角を折る

69

扇

1/4 サイズ　1枚

4 ①さらに中心線まで折る
②折りすじをよくつけ、開く

1 十字田に折りすじをつけ、中心線まで折る

5 角を折る

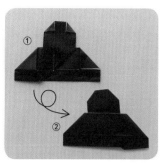

6 ①図のようになる
②裏返して、出来上がり

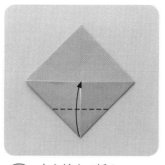

2 中心線まで折る

72

葉（タンポポ）

1/4 サイズ　1枚

4 山折りで折りすじをつけ、下部を図のように折る

7 セットしたところ

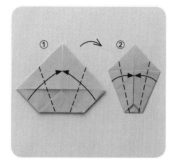

3 ①中心線まで折る
②さらに中心線まで折る

1 十字⊕に折りすじをつけ、中心まで折る

5 図のようになる

71

笏
しゃく

1/4 サイズ　1枚

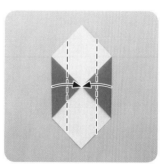

4 ①角を少し折る
②図のようになる
③裏返して、出来上がり

2 さらに中心線まで折る

6 裏返して山折り谷折りをしっかりつけ、半立体に整えて、出来上がり

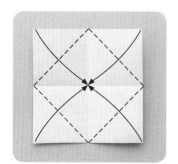

1 十字田に折りすじをつけ、中心まで折る

5 セットしたところ

3 図のように折って戻す

7 セットしたところ

著者紹介 いしばし なおこ

千葉県柏市在住。幼少期から絵を描くことが大好きで、保育の仕事や自身の子育てを通じて
キャラクターの折り紙と出合う。もともとキャラクターものが好きなため、折り紙で表現することに
夢中になり、次々作品を考案するようになる。またキャラクターだけではなく、
さまざまな題材を折り紙で"かわいらしく"表現することを研究中！
『遊べる！ 飾れる！ 折り紙で作る おはなし指人形』
『遊べる！ 飾れる！ 折り紙で作る おはなし指人形 〜世界の童話編 〜』
『折るだけ！ 貼るだけ！ 折り紙で作る ディズニーキャラクター変身グッズ！』
『一年じゅう、園を飾れる！ 折り紙で作る 千金美穂キャラクターワールド！』
（いずれも小社刊）など著書多数。

 折り紙プラン・制作
いしばし なおこ

表紙・本文デザイン	有限会社 ハートウッドカンパニー
撮影	株式会社 ラキスタジオ
校正	株式会社 円水社
企画・編集	多賀野 浩子・調 美季子

遊べる！ 飾れる！
超かわいい！ 季節の折り紙アイデアブック

発行日	2021 年 2 月 10 日　初版第 1 刷発行
著　者	いしばし なおこ
発行者	小杉 繁則
発　行	株式会社 世界文化ワンダークリエイト
発行・発売	株式会社 世界文化社
	〒 102-8192　東京都千代田区九段北 4-2-29
電　話	03 (3262) 5615 (編集部) ※内容についてのお問い合わせ
	03 (3262) 5115 (販売部) ※在庫についてのお問い合わせ
印刷・製本	図書印刷株式会社
DTP 制作	株式会社 明昌堂

©Naoko Ishibashi, Sekaibunka Wonder Create, 2021.
　Printed in Japan
ISBN 978-4-418-21701-4